BEI GRIN MACHT SICH IHR
WISSEN BEZAHLT

Olga Lakizyuk

Genderrollen und ihr Einfluss auf kommunikatives und professionelles Leben am Beispiel der Akademiker/innen aus der Russischen Föderation

GRIN Verlag

Bibliografische Information der Deutschen Nationalbibliothek:

Die Deutsche Bibliothek verzeichnet diese Publikation in der Deutschen National-
bibliografie; detaillierte bibliografische Daten sind im Internet über http://dnb.d-
nb.de/ abrufbar.

Dieses Werk sowie alle darin enthaltenen einzelnen Beiträge und Abbildungen
sind urheberrechtlich geschützt. Jede Verwertung, die nicht ausdrücklich vom
Urheberrechtsschutz zugelassen ist, bedarf der vorherigen Zustimmung des Verla-
ges. Das gilt insbesondere für Vervielfältigungen, Bearbeitungen, Übersetzungen,
Mikroverfilmungen, Auswertungen durch Datenbanken und für die Einspeicherung
und Verarbeitung in elektronische Systeme. Alle Rechte, auch die des auszugsweisen
Nachdrucks, der fotomechanischen Wiedergabe (einschließlich Mikrokopie) sowie
der Auswertung durch Datenbanken oder ähnliche Einrichtungen, vorbehalten.

Impressum:

Copyright © 2012 GRIN Verlag GmbH
Druck und Bindung: Books on Demand GmbH, Norderstedt Germany
ISBN: 978-3-656-28409-3

GRIN - Your knowledge has value

Der GRIN Verlag publiziert seit 1998 wissenschaftliche Arbeiten von Studenten, Hochschullehrern und anderen Akademikern als eBook und gedrucktes Buch. Die Verlagswebsite www.grin.com ist die ideale Plattform zur Veröffentlichung von Hausarbeiten, Abschlussarbeiten, wissenschaftlichen Aufsätzen, Dissertationen und Fachbüchern.

Besuchen Sie uns im Internet:

http://www.grin.com/

http://www.facebook.com/grincom

http://www.twitter.com/grin_com

Genderrollen und ihr Einfluss auf
kommunikatives und professionelles Leben
am Beispiel der Akademiker/innen aus der Russischen Föderation.

Im Rahmen der Habilitation, die ich an der Universität Bielefeld zum Thema "Local and global living environments: the influence of study in Germany on the professional life and individual concept of academic representatives from the Russian Federation" schreibe, habe ich unter Anderem das Verhältnis der erwähnten Zielgruppe zu Genderrollen in Russland und Deutschland erforscht. Das Hauptziel der Befragung, die sich auf biographische, problemzentrierte Leitfadeninterviews stützt, ist zu erfahren, wie das Studium oder die akademische Arbeit in der Bundesrepublik die Person der Interviewenden, ihre professionelle Karriere und bestimmte Entwicklungen in der russischen Gesellschaft beeinflussen.

Bei der Erforschung des Einflusses der akademischen Erfahrung auf die Person der Interviewenden und auf ihre berufliche Karriere kamen interessante Ergebnisse bezüglich der Genderverhältnisse heraus, die ich im Folgenden präsentieren werde. Im Endeffekt wird es möglich sein, darüber zu urteilen, inwieweit das Studium oder die Arbeit in universitären Kontexten in Deutschland bestimmte Veränderungen bei den Teilnehmern dieser Studie hinsichtlich der eigenen Rolle in der Gesellschaft bewegen oder die früher existierenden Einstellungen verfestigen. In einigen Fällen kann man eine besser ausgeprägte positive Selbsteinschätzung konstatieren, einen umfassenderen Überblick über die Kultur der Geschlechterkommunikation in unterschiedlichen Ländern und seine eigene Position hierzu. Manche Respondenten berichten dagegen über die Abneigung der in Deutschland typischen Geschlechterbeziehungen und entwickeln ihre eigene Stellungnahme im Kontext der deutschen und russischen Kultur. Im Großen und Ganzem kann man sagen, dass die erforschte Gruppe im Verhältnis zu Geschlechterrollen keine großen Differenzen im Vergleich zu der Bevölkerung in Deutschland aufzeigt: der überwiegende Teil der Interviewenden (insgesamt 14 Personen, davon – 4 Männer und 10 Frauen) sehen keine Schwierigkeiten für sich, sich in die Gesellschaft der Bundesrepublik zu integrieren. Sowohl in der sozialen Kommunikation unter den Kollegen und ihren Freunden als auch in den professionellen Kontexten kommen die Akademiker sehr gut zurecht. Das heisst, ihre Bewertung der in der Bundesrepublik existierenden Genderrollen unterscheidet sich von dem, was sie aus Russland kennen, kaum. Nichtsdestotrotz ist es interessant, einen detaillierten Blick auf die festgestellten Unterschiede zu werfen, um darüber nachzudenken, inwieweit sie bedeutungsvoll für die bessere Planung der Politik im akademischen/ internationalen Bereich sein können bzw. eine bessere Erwägung der sozialen Kommunikation mit der Zielgruppe ermöglichen.

Am Anfang dieses Artikels möchte ich einige theoretische Informationen präsentieren, die die Spezifik der Genderverhältnisse in Russland besser explizieren. In erster Linie ist es signifikant zu erwähnen, dass sich das Spektrum des potentiellen Interests für das Thema "Genderrollen" in westlichen und östlichen (europäischen) Ländern voneinander unterscheidet. Während in den östlichen Ländern dieses Interesse ist weniger ausgeprägt und findet ihren Ausdruck in der Achtsamkeit zu professionellen Erfolgen von allen Personen, Männern und Frauen, ist dieses Interesse in den westlichen Ländern ein wenig anders. Aus meiner Sicht kann man in den westlichen Staaten mehr den Fokus darauf beobachten, inwieweit die Genderdifferenzen auf die professionelle Entwicklung von Männern und Frauen und auf ihr soziales Verhalten Einfluss nehmen. Selbstverständlich gibt es in jedem Land unterschiedliche soziale Gruppen, die verschiedene Einstellungen zu wichtigen Lebensbereichen einschliesslich Genderrollen pflegen. Es ist die Frage der Erziehung, des Zuganges zu wichtigen sozialen Positionen und eigener Erfahrung hiermit. Trotzdem kann man im Kontext der östlichen und westlichen Ländern über bemerkbare Unterschiede bezüglich des Verhältnisses zu Geschlechterrollen sprechen, die sich durch unterschiedliche Wahrnehmung von den zu überwiegenden sozialen und beruflichen Barrieren andeuten lassen. Wenn die westliche Mentalität eher versucht die Frage nachzuverfolgen, wie schwer war es für eine <u>Frau</u> bestimmte Ergebnisse im professionellen und kommunikativen Bereich zu erreichen,[1] haben die Menschen in den östlichen Ländern mehr ein allgemeines Interesse und wenn sie auch in entsprechenden Fragen interessiert sind, sie tun es orientierend auf die westliche Mentalität und typische Diskussion in diesen Ländern.[2] Mit anderen Wörtern – Menschen in Russland folgen mehr dem Gedanken, Frauen haben die selben Integrationsmöglichkeiten als jeder Andere und die Menschen in der Mehrheit der westlichen Ländern verfolgen eher die Einstellung, Frauen müssen für ihre Rechte kämpfen.

Die mögliche Diskussion darüber, ob die Frauen in den westlichen oder in den östlichen europäischen Ländern mehr selbstbewusst sind, scheint mir in diesem Zusammenhang nicht relevant. Interessant ist meines Erachtens ausführlicher die historische Perspektive in Russland zu betrachten, um zu schauen, inwieweit sich die angedeuteten Differenzen mit der geschichtlichen Entwicklung Russlands erklären lassen.

Bedauerlicherweise viele wissenschaftliche Publikationen, die in den westlichen europäischen Ländern veröffentlicht sind, konzentrieren sich bei der Betrachtung der Genderrollen in den östlichen europäischen Ländern auf die Begriffe "Küche"; "Gender und Tourismus", "fehlende Freiheit" etc., was verursacht maximum solche Schlussfolgerungen wie – Frauen aus den östlichen Ländern sind nicht weniger diskriminiert als westliche Frauen.[3] Darüber hinaus ist die Praxis verbreitet, den russischen Feminismus in enger, fast ausschliesslicher Beziehung mit Friedrich Engels Arbeiten zu sehen, die kommunistische Zeit in Russland zu missverstehen und Frauen aus diesem Land mehr als Traktorfahrerinnen zu assoziieren.[4] "Engels Sicht auf Frauenemanzipation war von der Kommunistischen Partei sehr genau verfolgt. Überall, wo die Kommunistische Partei an die Macht kam, haben sich die Frauen der Arbeitsklasse angeschlossen. Dieser Fakt gewinnt eine besondere Aufmerksamkeit, nicht zuletzt wegen der Geschwindigkeit von diesem Prozess und dem großen Kontrast zur Situation in Westeuropa [...]."[5]

Sicherlich die unterschiedliche Politik von dem sowjetischen und kapitalistischen Regime zwang viele öffentliche Akteure und Wissenschaftler in der sowjetischen und post-sowjetischen Gesellschaft mehr diskriminierende Aspekte zu erkennen. Wenn bestimmte Erfolge auch anerkannt wurden, dann meistens nur partiell, mit vielen Einschränkungen und begrenzten Interpretationen. Praktische Erhebungen durchzuführen, die die reale Situation zu vielen wichtigen sozialen Problemen einschliesslich Genderpolitik und Gendergleichheit erforschen, war fast unmöglich. Im Endeffekt die Rede ist über maximal theoretische Ausarbeitungen und allgemeine subjektive Spekulationen, die nur einen begrenzten Bezug zur tatsächlichen Situation hatten. Die meisten Veröffentlichungen, auch wenn sie von den Wissenschaftler/innen aus den östlichen Ländern verfasst sind, haben ihren Fokus auf wissenschaftlich/ praktisch wenig fundierte Einschätzungen über schlechtere soziale Position und innenfamiliäres Leben von Frauen in dem früheren Teil des sozialistischen Europas. Hier wäre es logisch zu fragen, inwieweit diese Autoren eine ausreichende Basis für den Vergleich des innenfamiliären Lebens in den westlichen Ländern mit ihrer früheren Erfahrung haben und sich dabei nicht auf die Attribute des "guten Lebens" orientieren?

Wenn wir die Aufmerksamkeit auf die vor kurzem publizierten praktischen Studien über die Geschlechterverhältnisse von Immigranten in Deutschland werfen, die eine solche Vergleichsbasis haben, ist es signifikant zu bemerken, dass der überwiegende Teil der interviewten Frauen aus den östlichen europäischen Ländern ihre Situation hinsichtlich der Genderrollen in den Mutterländern und während ihres Lebens in Deutschland im Vergleich zu Frauen aus den westlichen Staaten als marginal nicht wahrnehmen. In einigen Fällen zwar im Gegenteil – die Respondenten sind sicher, die Erziehung in ihren Heimatstaaten und die Verhältnisse zwischen Frauen und Männern sind

---

[1] Vgl. UNESCO, vgl. Mürner, vgl. Belinszki/ Nagode.
[2] Vgl. Interdisziplinäres Frauenforschungszentrum der Universität Bielefeld, vgl. Clio-online-Historisches Fachinformationssystem e.V.
[3] Vgl. Gal/ Gail, vgl. Saleel, vgl. Schmitt/ Trappe.
[4] Vgl. Fodor/ Balogh.
[5] Fodor.

sogar fortschrittlicher und humaner bezüglich der Gendergleichheit.[6]

Eine weitere interessante Untersuchung, die an der Universität Hamburg abgeschlossen wurde, vergleicht die früheren sozialistischen Staaten einschliesslich Russland und stellt dabei heraus, dass sich weder die wirtschaftliche Integration von Frauen noch ihr Zugang zur Erziehung von der Situation der Männer unterscheidet. Die erwähnte Doktorstudie bestätigt die Geschlechtergleichheit im Zugang zu mehreren sozialen Sphären. Darüber hinaus sind die ökonomischen Indikatoren im Bereich der Gendergleichheit im Arbeitsmarkt ähnlich mit solchen in den OECD-Staaten.[7]

Andererseits ist die Forschung von Peter Förster mit jungen Menschen aus den neuen Bundesländern, die gute soziale Lage geniessen und professionelle Positionen einnehmen, informativ. Diese Untersuchung stellt fest, dass die erforschte Gruppe überwiegend negative Einstellungen über die sozialen Strukturen in den alten Bundesländern im Vergleich zu denen in der ehemaligen DDR hegt. Dies betrifft auch die Einstellungen zu Genderrollen. Die Respondenten geben an, dass im Bereich der sozialen Sicherheit, Betreuung der Kinder, zwischenmenschliche Verhältnisse, Jugend- und Familienförderung, Schutz gegen Kriminalität, soziale Gerechtigkeit, Schulbildung und Gleichberechtigung der Frau die frühere sozialistische Politik bessere Erfolge aufzeigte.[8] Somit lässt sich schlussfolgern, dass die Menschen, die praktische Erfahrungen des Lebens in einem sozialistischen und kapitalistischen Staat haben, eine differenzierte Wahrnehmung von denen Strukturen praktizieren, die in mehreren Bereichen für die frühere soziale Politik spricht. Interessant ist auch, dass einige Teilnehmer der erwähnten Studie ebenso die Meinung hervorheben, die externen Attribute des guten Lebens, zumindest in der ersten Zeit nach der Wende, wären für die positive Einschätzung zu der im Westen praktizierten Bildungs-, Wissenschafts-, Familien- und Sozialpolitik ursächlich. Solche äußerlichen Merkmale könnten Augen auf viele Nachteile, eigentlich gut sehbare, in den westlichen Staaten schliessen oder bestimmte Wahrnehmungen verzerren.

In jedem Fall sollten wir über den Ursprung des russischen Feminismus nicht vergessen. In erster Linie ist es wichtig zu wissen, dass der russische Feminismus in seiner Entstehung nicht mit Kommunisten verbunden ist, wobei die Rolle der Kommunisten in dieser Frage auch wichtig ist, sondern mit der historischen Entwicklung der russischen Gesellschaft seit der Mitte des XIX. Jahrhunderts.[9] Russland war zu dieser Zeit im Bereich der feministischen Bewegungen sogar besser entwickelt, als viele westeuropäische Staaten. Die Professorin der Geschichtswissenschaften an der Staatlichen Universität Moskau, Natalia Puschkarjowa, sagt in ihrem Interview für das Radio "Swoboda" Folgendes: "Genau die Männer haben in Russland die Frage der gleichen Rechte für Frauen hervorgehoben. Nicht wie in England oder Frankreich, wo die Frauen zunächst selbst um ihre Rechte kämpfen mussten, die entsprechende Bewegung in Russland initierten der Literaturkritiker M. Michajlow, der Professor der westlichen Geschichte T. Granowskij, der Chirurge N. Pirogow, der Physiologe I. Sechenow etc. Das bedeutet, dass die Männer erst mal die Frage der gleichen Rechte für Frauen hervorgehoben haben. Sie konnten auch anders nicht handeln, weil zu dieser Zeit, in den 50er Jahren, ein Unterstützer der Demokratisierung, Liberalisierung zu sein und dabei die Frauenrechte nicht zu thematisieren, war einfach unmöglich. Sogar vor der Erscheinung des berühmten Werkes von Chernyshevsky waren die ersten Frauenorganisationen gegründet."[10]

Diese und andere erwägenswerte Initiativen waren von Frauen schnell übernommen und bekamen sogar solchen Ausdruck wie terroristische Organisationen, unabhängige politische Bewegungen oder internationale Arbeit in Form von berühmten Publikationen und Übersetzungen. Karl Marx war zum Beispiel in die russische Sprache von der berühmten russischen Feministin Vera

[6] Vgl. Farrokhzad/ Ottersbach/ Tunç/ Meuer-Willuweit/ Lakizyuk.
[7] Vgl. Schnepf.
[8] Vgl. Förster (a), (b).
[9] Vgl. Пушкарёва, vgl. Орлов/ Георгиев/ Георгиева/ Сивохина, vgl. Либоракина.
[10] Радио Свобода.

Zasulich übersetzt. "In den 70er und 80er Jahren des XIX. Jahrhunderts bei der Transformation unserer sozialen Bewegungen in ein anderes Stadium, die Rede ist von dem Populismus und der Gründung einer anarchischen Bewegung innerhalb des Populismus und während der nachfolgenden Zeit entstehen viele terroristische Organisationen, wo sich Frauen umfassend engagieren. Unser russische Feminismus hat ein sehr originelles Gesicht, viele weibliche Mitglieder von unterschiedlichen terroristischen Gruppen."[11]

Allerdings die Mehrheit der russischen Feministinnen haben die Ziele verfolgt, die überall auf der Welt akzeptiert werden – es geht um solche Werte wie Erziehung, Bildung, soziales Engagement und Unterstützung der ökonomischen Unabhängigkeit. "Wir sind daran gewohnt, die russischen Frauen als Bilder wunderbarer moraler Perfektion wahrzunehmen. Wir kennen viele Charaktere aus der europäischen Literatur, die uns sympathisch erscheinen. [...] Aber in der ganzen Weltliteratur gibt es keine ähnlichen Charaktere wie Natasha Rostova, Tatjana Larina, Elena Insarova. Diese Frauen stellen die Bilder der höchsten moralischen Perfektion dar, sie sind die Genien der klaren Schönheit. [...] Alle diese Charaktere sind miteinander nicht ähnlich und haben eine gemeinsame Ähnlichkeit – es handelt sich von Portraits der schrecklichen Perfektion, die natürlich von Männern geschaffen sind."[12]

Noch Nikolaj Berdjaev hat über die Einzigartigkeit der Frauenbilder in der russischen Geschichte geschrieben. Es geht um Frauen, die sich in solchen wichtigen sozialen Bereichen wie Politik, Erziehung, Kultur und Diplomatie engagiert haben. Nichtsdestotrotz in der Wahrnehmung von unterschiedlichen Menschen dominiert eher die Einstellung, russische Frauen waren ihren Männern untergeordnet, sie waren diejenigen, die nur wenig für die russische Aufklärung gemacht haben. Wobei seit dem X. Jahrhundert ihre Rolle in der russischen Politik und internationalen Beziehungen ist schwer unterzubewerten. Von der Fürstin Olga und Schwester Libid` bis zu den Frauen von Dekabristen haben die Frauen bedeutende politische und soziale Angelegenheiten mit dem Staat koordiniert und waren eine der einflussreichsten Mächte neben der staatlichen Macht.

Dabei ist interessant anzudeuten, dass sogar zu dieser Zeit die ersten diskriminierenden Meinungen bezüglich der Position der russischen Frauen in der Gesellschaft als eine charakteristische Erscheinung zu beobachten sind. Manche gegenwärtigen Meinungen unterstreichen in diesem Zusammenhang die begrenzte Sicht von den ausländischen Beobachtern in Bezug auf Genderverhältnisse in Russland: „Die ausländischen Reisenden haben übrigens des Öfteren ihre Aufmerksamkeit genau den äußerlichen Merkmalen der Verhältnisse zwischen Mann und Frau geschenkt. Höchstwahrscheinlich wurden sie in Russland nach Hause nicht eingeladen. Bei den Reisen, die diese Menschen in Russland in dem XVI.-XVII. Jahrhundert unternommen haben, haben sie in ihren Notizen darüber geschrieben, wie schwer die Lage der Frauen in Russland ist – die Frauen sollten angeblich unterentwickelt sein, häufig geschlagen werden, sie werden häufig von ihren Männern versperrt und kontrolliert. Einfach schrecklich darüber zu hören. [...] Deswegen wenn russische Frauen angeboten bekommen, sich für ihre Rechte zu kämpfen, verstehen sie zunächst nicht, was gemeint ist, weil sie sich nicht eingeschränkt im Vergleich zu den Männern fühlen. [...] Diese Situation existiert in Russland nicht seit gestern. Russland war immer das Land der starken Frauen. [...] Kürzlich Irina Hakamada war gefragt, wie sie sich zum Feminismus verhält. Eine der berühmtesten und erfolgreichsten russischen Frauen antwortete auf folgende Weise: „Ich bin Postfeministin. Wenn eine Frau sich um ihre Rechte nicht kämpft, nicht versucht, jemand etwas zu beweisen, sind die Männer für sie einfach zum Genuss. Wie ein Superauto, wie eine schöne Uhr. Weil alles Andere – Geld zu verdienen, ein Kind zur Welt zu bringen, kann sie selbst."[13]

M. I. Liborakina sagt, Frauen aus Russland haben eine längere Tradition zu arbeiten im Vergleich zu den Frauen aus den westlichen europäischen Ländern. Noch im XIV. Jahrhundert

---

[11] Радио Свобода.

[12] Радио Свобода.

[13] Сметанина.

waren viele Frauen in wichtigen sozialen und professionellen Aktivitäten engagiert. Allerdings bleiben sie in der Wahrnehmung von vielen Menschen aus den anderen Ländern konstant als diejenigen Personen, die eine marginale Selbsteinschätzung haben, als jemand, der permanent tyrranisiert wird, jemand, der immer Zuhause bleiben muss und asexual ist. Russische Frauen sind diejenigen Personen, die keine Hobbies und Lebensinteressen haben. Dabei zeigt die russische Folklore, Geschichte und Religion immer die starken Charaktere, in den Worten des Autors, faire Charaktere.[14]

Zu der Zeit, als die Kommunisten an die Macht gekommen sind, hatten sie einfach keine Möglichkeit die in der russischen Gesellschaft schon vollzogenen Veränderungen hinsichtlich des Feminismus zu ignorieren. Im Jahr 1910 gehörten z.B. 40% der Frauen in Russland der Arbeitsklasse an, viele von ihnen waren umfassend in sozialen Aktivitäten engagiert oder hatten ihre eigenen Firmen. Die Kommunistische Partei hat in ihrem politischen Programm die gängige Diskussion hinsichtlich der Frauenrechte zusammengefasst und ergänzte die schon existierenden Ausarbeitungen mit einigen ideologischen Informationen und Plänen für die weitere Entwicklung im entsprechenden Bereich. Seit dieser Zeit haben die Frauen die offiziellen gleichen Rechte mit Männern im Arbeitsfeld und im öffentlichen Bereich bekommen – dies war die Realität seit den 20er Jahren des XIX. Jahrhunderts.[15] Hierzu muss erwähnt werden, dass neben der gleichen Position im Arbeitsmarkt die Frauen auch eine besondere Rolle im wissenschaftlichen Bereich genossen haben – die Beschäftigungsrate der Frauen an russischen Universitäten und Hochschulen, die Anzahl der Professorinnen, Doktorinnen and weiblichen Studierenden war offensichtlich größer als in den westlichen universitären Kontexten, insbesondere zu den sozialistischen Zeiten. Laut der Studie von John Parker, Christopher Lortie und Stefana Allesina „Chararterizing a scientific elite: the social characteristics of the most highly cited scientists in enviromental science and ecology" die Quote von weiblichen Akademikerinnen bleibt in den meisten erforschten westlichen Staaten immer noch unter 6% - „Zweitens, die Studie über die weltweit meistzitierten Wissenschaftler kann unser Verständnis über Systemungleichheiten ebenso verbessern, die in solchen wissenschaftlichen Bereichen wie Unterrepresentation der Frauen und nicht-westlichen Forschern existieren."16 Aber auch in Managementpositionen und Politik waren die Frauen in Russland representative Kräfte, ihre Partizipation in diesen Feldern war selbstverständlich, die gleiche Bezahlung – außer der Diskussion.[17]

Alle erwähnten historischen Entwicklungen finden auch im heutigen Leben ihren Ausdruck in den unterschiedlichen Einstellungen zu Genderrollen in den östlichen und westlichen Ländern. Unabhängig von der Tatsache, dass die meisten Teilnehmer der vorliegenden Studie Frauen sind, kommt die Diskussion über Genderpolitik in der relativ kleinen Anzahl der Äußerungen zustande. Die Männer heben dieses Thema überhaupt nicht hervor. Wie kürzlich erwähnt, in den meisten Fällen gehen die Frauen davon ab, dass sie nicht unbedingt ihre Integrationsschwierigkeiten zu der neuen sozialen und professionellen Umgebung mit Geschlechterdifferenzen in Verbindung sehen müssen. Sie reden von allgemeinen Veränderungen hinsichtlich des beruflichen Wachstums, der individuellen Entwicklung und erfolgreichen Anwendung der erworbenen Kenntnisse.

"Ich wollte sofort viele neue Menschen und neue Umgebung kennenlernen, ich wollte mehr kommunizieren, meine Kenntnisse der deutschen Sprache verbessern, Cafés besuchen, viel reisen, an der Universität besser als der durchschnittliche Schüler studieren, mehr Bücher lesen und Literaturrecherchen in der Bibliothek durchführen."18

"Ich habe die Anforderungen für das Studium an der Universität Bielefeld nicht als schwierig wahrgenommen. Ich habe mich sofort an den vorhandenen Möglichkeiten orientieren können. Ich habe die Hilfe von anderen Menschen nicht

---

[14] Vgl. Либоракина.
[15] Vgl. Пушкарёва, vgl. Осипович.
[16] Parker/ Lortie/ Allesina.
[17] Vgl. Прошутинский.
[18] Olga, 23 Jahre, Doktorandin, Welikij Nowgorod.

gebraucht."[19]

"Manchmal bin ich sehr stolz dafür, wie sich unsere Menschen im Ausland verhalten. Ab und zu schäme ich mich für sie. Wir haben aber zweifelsohne eine ganze Reihe von Vortielen und andere Menschen können von Russen ebenso viel lernen. Die russischen Leute haben eine ganze Menge von positiven Charakteristiken."[20]

Wenn wir die Aufmerksamkeit den individuell und professionelbezogenen Veränderungen bei den Teilnehmer/innen dieser Studie hinsichtlich der Genderrollen schenken, ist relevant zu bemerken, dass nur einige Respondenten über entsprechende Änderungen berichten. In der großen Anzahl der Fälle sprechen sie über die mehr verfestigte frühere Meinung bezüglich der Geschlechterverhältnisse, was die nachfolgenden Beispiele gut illustrieren.

"In Deutschland habe ich eine andere Identität entwickelt, ich würde sagen, eine mehr europäische Identität. Ich habe angefangen, mich anders zum Leben ganz allgemein und zum Familienleben zu verhalten. Zu der selben Zeit habe ich mein Verhältnis zu Genderrollen geändert. Jetzt bin ich sogar mehr für die Gleichheit als früher. Andererseits habe ich gut verstanden, dass ich überhaupt keine westliche Frau bin. [...] Ich kann es mir nicht vorstellen, in Deutschland für immer zu bleiben, weil ich es mir nicht vorstellen kann, mit einem deutschen Mann zusammen zu sein. Wir sind einfach unterschiedlich. Sie verstehen unseren Humor nicht. Ich habe das Gefühl nicht gehabt, sie wollen von mir geführt werden, aber ich habe gesehen, wie sie sich von anderen Frauen führen lassen. In jedem Fall denke ich nicht, dass es für mich interessant sein könnte. [...] Ich habe immer einen großen Unterschied zwischen einer deutschen und russischen Kultur gesehen. In Deutschland können sie ganz ruhig eine Frau am Schulter klopfen, als ob es dabei um einen Kumpel geht, manchmal tut es sogar weh. Ab und zu haben sie mir angeboten auszugehen, wenn ich allerdings einmal "nein" sagte – haben sie nie wieder gefragt. Ich kann mit deutschen Männern nicht kommunizieren. Sie können ihre Sympathie überhaupt nicht ausdrücken."[21]

"Ich habe bis jetzt keinen Mann getroffen, der mein Freund oder mein Mann sein könnte. Ich denke, sie haben einfach Angst vor mir. Ich träume davon, einen Mann zu treffen, der fähig wird, Entscheidungen zu treffen, der autonom und unabhängig ist. [...] Ich denke, Männer sind von meinem Lebenstempo erschrocken. Eine starke Frau ist etwas, wovon einige Männer Angst haben. Darüber hinaus bin ich auch autonom. Männer versuchen es immer, mir bestimmte Verhaltensrahmen aufzuzwingen, ab und zu tun sie es sogar mit Gewalt. Aber ich passe zu keinen Rahmen."22

"Ich habe keine Probleme mit der Reintegration überhaupt gehabt. [...] Normalerweise Studenten oder Wissenschaftler, die drei oder vier Monate im Ausland verbracht haben, entwickeln mehr Verantwortung im Leben und im Einzelnen zur Arbeit. Diese Menschen bekommen eine breitere individuelle und wissenschaftliche Weltanschauung. Sie entwickeln im Ausland neue professionelle Perspektiven dank der Kontakte mit anderen Wissenschaftlern und anderen wichtigen Personen."23

"In Deutschland hatte ich keine Schwierigkeiten, sich in die deutsche Gesellschaft zu integrieren. Ich habe nie Schwierigkeiten bei der Kommunikation mit deutschen Freunden und Kollegen erlebt. Naturlich geht es dabei um eine andere Welt mit unterschiedlichen Menschen, die im Großen und Ganzen nicht so offen wie die Menschen in Russland sind. Aber ich kann mich an keine Kommunikationsprobleme oder Missverständnisse erinnern."24

Ein anderes interessantes Ergebnis der von mir durchgeführten praktischen Untersuchung bezüglich der Genderrollen ist, dass einige weibliche Interviewende nach dem Aufenthalt in einem anderen Land über den erhöhten Bedarf hinsichtlich der Bildung berichten, was nach der Meinung von dem UNESCO Institut für Statistik eine der wichtigsten Kräfte ist, um eine Balance in der Frage Geschlechtergleichheit zu halten.[25] Übrigens das selbe Ergebnis ist in der Studie über Repatrianten aus Zypern bestätigt – die Studierenden sagen, sie nehmen nach dem Aufenthalt in anderen Ländern ihre Rolle in der Heimatgesellschaft anders wahr. Dies bedeutet neben dem

[19] Svetlana, 33 Jahre, Übersetzerin, Welikij Nowgorod.
[20] Malysheva G.I., 63 Jahre, Verdiente Lehrerin der Sowjetunion, Gymnasium in Welikij Nowgorod.
[21] Irina, 34 Jahre, Managerin, Sankt-Petersburg.
[22] Ksenia, 33 Jahre, Übersetzerin, Welikij Nowgorod.
[23] Grigorieva, I. A., 59 Jahre, Professorin am Lehrstuhl für Theorie und Praxis der Sozialarbeit, Stellvertretende Direktorin des Zentrums für berufliche Weiterbildung in Sankt-Petersburg, Staatliche Universität Sankt-Petersburg
[24] Shirin, A.G., 49 Jahre, Dekan der Bilingualen Fakultät für Erziehungswissenschaften, Direktor des Instituts für Lebenslange Pädagogische Bildung, Staatliche Universität Welikij Nowgorod.
[25] Vgl. UNESCO.

wachsenden Bedarf im Bildungsbereich noch die verbesserten Kommunikationsfähigkeiten.[26]

"Während der Migration habe ich meine Kommunikationsfähigkeiten verbessert. Im Großen und Ganzen hatte ich immer schon gute kommunikative Fähigkeiten. Ich kann, zum Beispiel, labil sein, aber ich möchte nicht die Flexibilität als meine typische Charaktereigenschaft haben. Ich hasse die sogenannte "weibliche Art" mit anderen Menschen zu kommunizieren. Ich kann es nutzen, wenn es sein muss, aber normalerweise bevorzuge ich den direkten Weg der Problemlösung. Wenn ich nur daran denke – eine Frau mit allen ihren typischen Kaprizen zu sein! Ich kann es sein, aber es ist so dove und, ehrlich gesagt, habe ich auch keine Energie für."[27]

"Grundsätzlich ändert der Auslandsaufenthalt jeden Menschen. Menschen gehen über ihre Grenzen hinaus, sie verstehen neue Perspektiven, Kulturen, Mentalitäten und Lebenswege. Ich bin, zum Beispiel, toleranter und emphatischer geworden."[28]

"Wenn ich auf meine Erfahrungen im Ausland zurückblicke, kann ich viele Veränderungen bezüglich meiner Identität andeuten. Ich bin offener zur Welt geworden und habe eine breitere Weltanschuung bekommen. Ich habe auch die europäische Identität entwickelt. Ich konnte richtig verstehen, dass alle Menschen unterschiedlich sind."[29]

"Aber die Kommunikation mit neuen Menschen, mit unterschiedlichen Menschen bringt immer viel für die eigene Entwicklung. In Deutschland konnte ich wirklich gute Menschen begegnen – richtig kluge Menschen, mit dem empfindlichen Verhältnis zur Welt. Es war interessant mit ihnen zu kommunizieren, sie haben mir eine Menge der Kenntnisse gegeben, die ich ansonsten aus anderen Quellen nicht bekommen konnte. Sie haben meine Sicht auf viele Probleme geändert, ich habe nie so einen großen Fortschritt machen können. Dies betrifft in der ersten Linie kulturelle Aspekte und die Geschichte von unterschiedlichen Ländern."[30]

Wenn man die dargestellten Informationen zusammenfasst, ist es significant anzudeuten, dass sich der Prozess der Anerkennung von der eigenen Kultur, Genderrollen und Lebenseinstellungen nicht nur in Kindheit vollzieht, sondern während der ganzen Lebensperiode. Dies betrifft neben der Heimatkultur noch andere kulturelle Kontexte, in denen die Person sozialisiert ist. Die eigene Kategorisierung hinsichtlich der Genderzugehörigkeit kann ebenfalls im Erwachsenenalter reproduziert werden und auch in den Rahmen der fremden Kulturen. Das Spektrum der vollzogenen Veränderungen bei den Interviewten war im Falle dieser Untersuchung nicht so groß, um über globale Tendenzen zu sprechen. Jedenfalls es ist interessant zu beobachten, wie die zustande gekommenen Veränderungen, neue Erkenntnisse oder die Stabilisierung der schon existierenden Dispositionen bezüglich der Geschlechterverhältnisse ihren Ausdruck in den generellen Schlussfolgerungen über die individuelle Entwicklung und den professionellen Fortschritt findet. Die festgestellten Ergebnisse deuten zugleich auf große Ressourcen der Frauen in die neue kulturelle und professionelle Umgebung zu integrieren hin: der größte Teil der Teilnehmerinnen der Studie zeigen große Potentiale im Bereich der Entwicklung neuer kommunikativbezogener Perspektiven, agieren sehr effektiv in ihrem professionellen Feld und beweisen bedeutende Fähigkeiten zur Empathie während des Umganges mit unterschiedlichen Menschen.

Eine (nach der Meinung der Befragten) relativ kleine übernommene Anzahl von den in Deutschland typischen Einstellungen hinsichtlich der Geschlechterverhältnisse kann mit der relativen Ähnlichkeit der Akademiker/innen und den in diesen Kreisen typischen Einstellungen/ Werten erklärt werden. Das Spektrum der festgestellten Unterschiede war nicht bedeutend genug, um über globale Veränderungen zu reden, die Rede ist mehr von den mehr Informationen für die geistliche Entwicklung, die für jeden Menschen wichtig ist. Aber auch die gute Entwicklung der russischen Gesellschaft in Hinsicht der Gendergleichheit (in ihrer historischen Perspektive) ist ein wichtiger Grund, womit die vergleichsmäßige Konstantheit der früheren Einstellungen erklärt werden kann. Viele hier erwähnte persönliche und berufsbezogene Entwicklungen zeigen solche vollzogenen Vorteile, die während des Lebens in Deutschland entwickelt wurden, wie der bessere

---

[26] Vgl. Scullion/ Brewster.
[27] Ksenia, 33 Jahre, Übersetzerin, Welikij Nowgorod.
[28] Vlada, 36 Jahre, freiberufliche Übersetzerin, Welikij Nowgorod.
[29] Maya, 35 Jahre, Managerin, Sankt-Petersburg.
[30] Elena, 38 Jahre, Managerin, Moskau.

Kommunikationsstil, das Selbstbewusstsein, der wachsende persönliche Bedarf im Bildungsbereich einschliesslich des lebenslangen Lernens, der breitere persönliche Horizont und die Weltanschauung. Unanhängig davon, dass einige Befragte bestimmte veränderte Einstellungen im Verhältnis zu den Geschlechterverhältnissen offenbaren, handelt es sich dabei um eine relativ geringe Tendenz, die nicht möglich macht, beträchtliche Änderungen zu bestätigen. Hier ist es bedeutend in Erwägung zu ziehen, von welcher individuellen und professionellen Position die Zielgruppe der durchgeführten Untersuchung ausgeht und welche Einflussart auf diese Menschen die geschlechterfundierten Unterschiede/ entsprechende Themen in Deutschland ausüben (können).

Dr. Olga Lakizyuk,
im September 2012.

Literatur:

- Belinszki, Eszter, Nagode, Claudia. (2002): Seiltanzen zwischen Differenz und Gleichheit – Frauen in verschiedenen Berufsfeldern. In: Schäfer, Eva, Fritzsche, Bettina, Nagode, Claudia. (Hrsg.). Geschlechterverhältnisse im sozialen Wandel. Interdisziplinäre Analysen zu Geschlecht und Modernisierung. Opladen.
- Clio-online-Historisches Fachinformationssystem e.V. (2007): Symposium «Der europäische Hochschul- und Forschungsraum: Traditionen, Gemeinsamkeiten und Perspektiven weiblicher Bildung. Online: http://hsozkult.geschichte.hu-berlin.de/termine/id=8393, März, 2012.
- Farrokhzad, Schahrzad, Ottersbach, Markus, Tunç, Michael, Meuer-Willuweit, Anne, Lakizyuk, Olga. (2009): Rollenverständnisse von Frauen und Männern mit Zuwanderungsgeschichte unter Berücksichtigung intergenerativer und interkultureller Einflüsse. Ministerium für Generationen, Familie, Frauen und Integration des. Landes Nordrhein-Westfalen. (Hrsg.). Online: http://www.mgepa.nrw.de/pdf/frauen/ForschungsberichtRollenverstaendnis.pdf, Januar, 2011.
- Förster, Peter (a). (2001): Es war nicht alles falsch, was wir früher über den Kapitalismus gelernt haben: Empirische Ergebnisse einer Langschnittstudie zum Weg junger Ostdeutscher vom DDR-Bürger zum Bundesbürger. In: Deutschland Archiv: Zeitschrift für das vereinigte Deutschland, Nr. 2.
- Förster, Peter (b). (2000): Junge Ostdeutsche im Jahr 10 nach der Vereinigung: Ja zur deutschen Einheit, aber Kritik am Gesellschaftssystem. Leipzig.
- Fodor, Èva. (2011): Geschlechterbeziehungen im (Post-)Sozialismus. In: Aus Politik und Zeitgeschichte. Nr. 37-38.
- Fodor, Èva, Balogh, Anicó. (2010): Back to the kitchen? Gender roles attitudes in 13 East European countries. In: Zeitschrift für Familienforschung. Heft 3.
- Gal, Susan, Gail, Kligman. (2000): The Politics of Gender After Socialism. Princeton.
- Interdisziplinäres Frauenforschungszentrum der Universität Bielefeld. (2005): Projekt: Geschlechterstudien als Bestandteil soziologischer Lehre (Tempus Kooperationsprojekt). Ein Kooperationsprojekt der Universitäten Bielefeld, St. Petersburg, Wien. Online: http://www.uni-bielefeld.de/IFF/for/for-cur-tem.html, März, 2012.
- Mürner, Beat. (2004): Geschlechtsspezifische Berufssegregation. Online: http://homepage.swissonline.ch/bmuerner/berufswahl/pdfs/segregation.pdf, März, 2012.
- Parker, John, Lortie, Christopher, Allesina, Stefano. (2010): Characterizing a scientific elite: the social characteristics of the most highly cited scientists in environmental science and ecology. National Center for Ecological Analysis and Synthesis, University of California. (Hrsg.). Online: http://escholarship.org/uc/item/1ps5h1vb#page-1, Juni, 2012.
- Saleel, Renata. (1994): The Spoils of Freedom: Psychoanalysis and Feminism After the Fall of Socialism. London, Routledge.
- Schmitt, Christian, Trappe, Heike. (2010): Introduction to the special issue: Gender Relations in Central and Eastern Europe – change or continuity? In: Zeitschrift für Familienforschung. Heft 3.
- Schnepf, Sylke Viola. (2005): Gender Equality in Central and Eastern Europe: a comparison of labour market attitudes, educational achievement and poverty between East and West. University of Hamburg. (Hrsg.). Online: http://ediss.sub.uni-hamburg.de/volltexte/2005/2657/pdf/Schnepf_GenderEqualityCEEC.pdf, März, 2012.
- Scullion, Hugh, Brewster, Chris. (2001): The Management of Expatriates: Messages from Europe? In: Journal of World Business, Volume 36, Issue 4.
- UNESCO. Institute for Statistics. (2012): Global Education Digest 2011. Online: http://www.uis.unesco.org/Library/Documents/global_education_digest_2011_en.pdf, März, 2012.
- Либоракина, М. И. (1996): Российские женщины: немного о традициях, самопожертвовании и гражданственности. Материалы конференции «Гендерные исследования в России. Проблемы взаимодействия и перспективы развития. Online: http://www.a-z.ru/women/texts/liborr-e.htm, Juni, 2012.
- Орлов, А.С., Георгиев, В. А., Георгиева, Н. Г., Сивохина, Т. А. (2006): Хрестоматия по истории России. Москва.
- Осипович, Наталья. (1993): Коммунизм, феминизм, освобождение женщин и Александра Коллонтай. Online: http://ecsocman.hse.ru/data/385/935/1217/018ons1-93_-_0174-186.pdf, März, 2012.
- Прошутинский, В. (1984): СССР. 100 вопросов и ответов. 5 издание. Москва.
- Пушкарёва, Наталья. (2003): Женщины в исторических судьбах России X.-XIX. века. Online:

http://www.owl.ru/win/womplus/2003/02_13.htm, März, 2011.

- Радио Свобода. (2002): Женский день. Online:
http://www.svobodanews.ru/content/transcript/24201337.html, März, 2012.
- Сметанина, Светлана. (2010): Не называйте её феминисткой. In: Российская Газета от 30.04.